AF465444

ANTITHESE,

CONTRE LA
PYROMANTIE D'AMOVR
EN FORME DE STANSES
REDVICTES PAR
CENTVRIES.

A PARIS,
Chez Michel de Roigny rue sainct Iaques
aux quatre Elemens.
M. D. LXXXIII.
Auec Priuilege.

ΕΙΣ

ΤΗΝ ΑΝΤΙΘΕΣΙΝ ΤΗΣ ΤΟΥ ΕΡΩΤΟΣ ΠΥΡΟΜΑΝΤΙΑΣ

πολυπάγιος Σάγιος ὁ Αὐδομαραῖος.

Αἶ αἶ κεῖται Ἔρως αἰάζει καὶ Κυθέρεια,
Πάντες καὶ ἐφ᾽ ἐπαιάζοισιν Ἀδελφοὶ Ἔρωτες
Τούτου γὰρ ποιητοῦ μοῦσ᾽ ἐφόνησε τὸν αὐτὸν
Καὶ μὲν γυναῖκες πᾶσαι οὐ νῦν ἀγάωσιν.

TETRASTICHON AD AVTHOREM.

Quid cecidit, turpíve fuga quid vertit ocellos
Nunc Venus, & Nati tela refracta gemit?
Eius quod fœdos tua damnet pagina ludos,
Atque ita in vndosas cogitur exul aquas.

I. O. B.

SONET A L'AVTHEVR.

Quand ie lis ces beaulx vers, que la chaste Vranie
T'ha faict diuinement contre Amour inuenter,
Pour d'vn haultain desir sainctement attenter.
Hors du monde bannir sa Demonomanie:

Peu a peu de mon cœur ie sens euanouie
L'ardeur, qui me faisoit si souuent lamenter,
Et libre maintenant ie commençe a chanter
L'hymne de libertè, dont ie reprens la vie.

Ie pense que plusieurs les lisant come moy
Sages renonceront a L'idolatre Loy,
Regrettantz mille fois le perdu de leur âge;

Tant tu as bien monstré de ce Demon peruers
L'estre, la tromperie, & les desseingz diuers
L'effort, la cruaulté, l'effect & le domage

SVILAS.

SONETTO D'VNO HETRVSCO A L'AVTORE

Volse mostrar' Apollo il suo valore,
Et congregò le muse, & disse à quelle,
Ch'aueua scorto vn' huom' sotto le stelle
Degno che porti in testa il primo honore

Onde gli piacque meterli nel' core,
Che radunassi quante cose felle
Nel Mondo eran' seguite per fauelle,
Et per opre impudiche nel Amore.

Hor' questo per mostrar' quanto in cio vale,
L'ha poste in luce, & proua che le Donne
Col guardo fanno a l'huom' bramar' il male;

Tal' ch' Esculapio no vuol' piu, che gonne
Cuoprino cosa che faccia a l'huom' danno
Ma che l'adopri sol' vn tratto l'anno.

F. M.

ANTITHESE.

CONTRE LA PYROMANTIE D'AMOVR EN FORME DE STANSES REDVICTES PAR CENTVRIES.

VI veult ſcauoir d'Amour l'origine damnable:
Qui veult ſcauoir d'Amour le ſort abominable:
Qui veult ſcauoir d'Amour les tragiques fureurs.
Qui veult ſcauoir d'Amour l'impure quinte eſſence:
Qui veult ſcauoir d'Amour la prophane inſolence:
Qu'il regarde mes vers friſſonnans tout d'horreurs.

Qui veult ſcauoir d'amour la violente force:
Qui veult ſcauoir d'Amour la rongereſſe eſmorce:
Qui veult ſcauoir d'Amour tous les deſſeingz peruers.
Qui veult ſcauoir d'Amour la pourſuite éuantée:
Qui veult ſcauoir d'Amour la radreſſe effrontée:
Qui veult ſcauoir cela qu'il regarde mes vers.

Ie veulx de ce Heros r'abaißer le courage :
Ie veulx du filZ d'Hermes dompter toute la rage :
Ie veulx de ce faulx Dieu destruire les autelZ.
Ie veulx damner ses veux & sa gloire effrenée :
Ie veulx raser son nom & sa secte erronée :
Qu'il n'en soit plus memoire au siecle des MortelZ.

Ie veulx de cest enfant borner l'outrecuidance :
Ie veulx de ce volage arrester l'inconstance :
Ie veulx de ce Syluain abbatre les haultZ bois.
Ie veulx du Penyen estaindre flamme & méche :
Ie veulx du Paphien rompre l'arc, & la fleche :
Ie veulx briZer sa trousse, & casser son carquois.

Pour te combattre (Amour) iay trouppes aguerries,
Iay mes Centurions auec leurs centuries
ResoluZ de tailler en pieces tous tes DardZ :
Dresse tes esquadrons, appelle tes Lanspsades,
Haste tes CaporalZ, fay marcher tes salades,
Et ranger tes Soldats dessoubs leurs estendards.

OsteZ mes Caualliers ces lances banerees ;
OsteZ moy ce pannache, & ces crestes tymbrees :
OsteZ moy ces pourtraicts bauchez de vieux plastrats :
Que sert sur ce harnoys ceste cotte brauante :
Que sert ceste faueur, ceste escharpe vaillante :
OsteZ d'entour de vous desormais ces fatrats.

Mes tribuns voullez vous que vostre art ie dechiffre?
La guerre (croyez moy) ne se faict point en chiffre,
Cest vn foible bouclier d'y porter des coulleurs:
Il fault vn bon casquet, vn bon corps de cuyrasse,
Vn coustelats tranchant, vne hache, vne masse,
Et quant a l'orengé cest pour les basteleurs.

Cessez moy ces combats, cessez preux Æacidès
De vous sacrifier pour tant de Pelopides,
Espargnés l'oliuier, le bucher & l'encens
Qu'idolatrez vous tant ces monstres Androgynes?
Qu'adorez vous peruers ces vulgaires Cyprines?
Cessez de blasphemer les haults Cieux innocens.

Si vous voulez d'Amour aprendre l'origine,
Ne cherchés plus le Ciel, mais l'antre à Proserpine,
Vous le verrés tout droict des enfers démarcher:
Außi prouient ce mal du viel Serpent immonde,
Du grand fornicateur, du Tentateur du Monde,
Celuy la nous l'a faict du cahos relacher.

Qui presente a nos yeux ces formes attraiantes
Fors que l'Auteur d'erreur? d'ou ces flammes cuisantes
Fors des esprits venteux? d'ou ces pollutions?
D'ou ces tentations nocturnes & ces songes?
D'ou tant de visions? sont ce pas tous mensonges,
Et des malings esprits toutes illusions?

Les sens ensepuelis dedans ce corps terrestre
Sont aisement seduictz par ce serpent syluestre,
Par sa substilité il se mesle aux couleurs,
Aulx images se plaict, il s'addone aux figures,
Il s'attache aux pourtraictz, il s'influe aux peinctures,
Il se coule aux humeurs, aux saueurs, aux odeurs.

Le corps solide & ferme il le rend inuisible,
Celuy qu'est animé il le rend insensible,
Il faict l'autre muet sans parler ny ouir:
Il change & l'habitude, & la forme, & structure,
Et le signe, & la merque, & la lineature,
Et puis en vn clin d'œil faict tout euanouir.

Il ferme les conduictz, estouppe les organes,
Il retire les nerfz, dilate les menbranes,
Mue les functions de sens interieurs.
Ce qui n'a poinct de corps il le rend maniable,
Ce qui se peut toucher il le rend impalpable,
Trompant les actions des sens exterieurs.

Il corrompt au dedens la vertu sensitiue,
Et destruict en dehors l'humeur appetitiue,
Excite des douleurs auecque paßion:
Il infecte le corps de fœde elephantie,
Scabie, erosion symptome, epilepsie,
Bubons, inflation, flux, & conuulsion.

Il comprime & restrainct les veines pectorales,
Il deséche & tarit les humeurs radicales,
Empesche leurs meats, trompe le iugement:
Il perturbe l'esprit de songes, resueries,
De rages, de fureurs, d'vmbres, de phrenesies,
Et destruict la raison iusqu'à son fondement.

Il nous vient inciter à mille malefices,
Enuies, trahisons, cruaultés, & sæuices,
Il suggere au dedans, & commande en dehors:
Il iette tant de feux, de typhonieres lances,
Tant de traicts, tant de dards vermouluz d'inconstances.
Que c'est vn gouffre plein de vices que ce corps.

T'esbahis tu de l'homme en ceste ragadie
S'il séche come bois, s'il tombe en maladie,
S'il vit tout hors de soy vaincu de ce transport:
Qui altere ce corps, qui luy rauit ceste ame,
Qui est le boute-feu qui allume sa flamme,
Qui est cest enchanteur? le Diable par son sort.

Ce n'est qu'abusion, que mensonge, & prestige,
Que fascination procedant de l'ortige
Dont en tous ses attraicts ce serpent nous deçoit:
Il nous bande les yeux, enchante nos oreilles,
Il dresse nostre pied entre tant de merueilles,
Qu'en-fin de toutes parts ce qu'il veult s'apperçoit.

Tant de gestes mignards, de lasciues œillades,
Tant d'atours si bragards, & de faulses parades,
Tant d'aillerons volans en luxe & tout exces:
Il tent la sa Machine, il l'arrange, & l'ordonne,
Puis nous chasse, & poursuit, nous presse, & nous talonne,
Pour nous enuelopper en ses rets & lassets

Il imprime tantost d'vne faulse apparence
Vne fleur de beaulté, vne rare excellence,
Et faict voir tout autour mille montagnes d'or:
Il desguise vne espine en facon d'vne rose,
Il masque vne Guenon, il l'attourne, & suppose,
Au lieu d'vne Panthée vne vielle Dendor.

Il inuente or apres quelque belle harangue,
L'orne d'vn stil si doulx, si coulant a la langue,
La pallie si bien d'vn abbus mensonger:
Il presente le miel les doulceurs à la bouche,
Et tant d'odeurs au nez quand on vient a l'approuche,
Que de ses fards trompeurs on ne peut s'estranger.

Ce sont diuins secrets a la ieune ignorance,
Ce sont oracles pleins de celeste puissance,
Tant ce tison Cyprin l'echauffe en sa ferueur:
Tout va a l'habandon, sans frein & sans addresse,
L'vn iouste a la rencontre & l'aultre bas renuerse,
Amour n'a poinct de bride a dompter sa fureur.

Voila d'ou l'on a pris ceste Pyromantie,
C'est de ce sang bouillant, de ceste intemperie,
Voila le sort fatal auquel l'homme est reduict:
Ceste ardeur le transporte & veult les choses belles
Iuger a son humeur, or qu'elles ne soient telles:
Voila l'aueugle Amour qui le trompe & seduict.

L'eternel formatur par son sainct promptuaire,
A tiré tous les corps du marc elementiare,
Et les a bastis d'eau, de terre, feu, & d'air:
Voila d'ou l'homme prend sa force, sa ieunesse,
Sa stature & grandeur, l'agilité, l'addresse,
Qui se void en ce corps de sang d'os & de chair.

Ie laisse au Ciel a-part ce qui est du miracle
De l'esprit don de Dieu a ce diuin spiracle
Soufflé par l'eternel en ce mortel fragment:
Ie parle de nature humaine en sa partie,
De sa forme, couleur, & beaulté accomplie,
Cela est emprunté d'vn & d'autre element.

Tout cela monstre asses nostre temperature,
Parce qu'elle reçoit d'icy bas la froidure,
D'en hault la siccité, & la viue chaleur:
Si que ce petit corps semble en sa petitesse,
Estre le receptacle auec ample largesse.
De ces corps esleués en extreme grandeur.

Le corps qui est compris desoubs ceste harmonie
Se faconne agité d'vne aultre endelechie,
Chacun en chasque espece entretenant ce tour:
Puis en ce mouuement sa force est deprauee,
Car par la continue en ceste orde luuee,
Il prepare & auance en terre son retour.

De mesme le surplus de ces corps corruptibles
Se resoult a la fin es matieres sensibles
D'ou ils ont pris leur estre & composition:
Ce qui est de l'humide en l'humide deualle,
Ce qui prouient de l'Air s'euapore, & s'exhalle,
Et ce qui est du feu tourne en sa region.

Quant a l'esprit diuin, sa vertu le rend digne,
De voguer au cours lent de sa source diuine,
Et paruenir au port de ce grand saluateur:
Car du sang de l'agneau sa tache estant lauee,
Et luy regenere dedans l'onde sacree,
Il monte heureulx au Ciel droict vers son formateur.

Les autres qualités tombent en sa iustice,
Car ce qui est d'orgueil, rapine, & auarice,
Bordeliere luxure, & parler enchanteur:
Tout cela s'en reua par certaine influence,
Au Demon prouoquant nostre concupiscence,
Dont le Ministre fut le Serpent seducteur.

Et voyla d'ou prouient ceſte amoureuſe oultrance,
C'eſt de ce viel Serpent, c'eſt de ſa vraie engeance,
Elle retourne à luy comme a ſon vray Autheur:
Il faict que par ſes ſorts la forme plus ſubtile
Retrograde d'enhault ſe trainant file, a file,
En l'Auerne fumeux plein de peine & d'horreur.

Quand le Diable en Edem charma le premier homme,
Il n'vſa point de plante, herbe, pouldre, ny gomme,
Il print la voix d'Amour qu'il donna au Serpent:
Dela eſt aduenu qu'en ſa forme reptile,
Ceſt Amour Serpentin d'vne eſcume fort vile
S'augmente, & ſe nourrit, ſur la terre rempant.

L'Hebrieu par le Serpent par raiſons meſurees
Ha ces lubricités proprement figurees,
La voix duquel ſ'addreſſe au ſexe feminin:
Premier qu'il eſt ſans pied, & gliſſe ſur le ventre,
Qu'il ſe cache dans terre, & ſe ſouille en ſon centre,
Puis, qu'il porte cruel en ſes dents ſon venin.

Le Serpent eſt produict de ſouillure, orde, eſtrange,
Il vit de pourriture, immondice, & de fange,
Il eſt tout racroupi, mol, foible, & imparfaict:
Il eſt fort pareſſeux, plein de crainte doubteuſe,
Il monte peu ſouuent, mais ſa glaire eſcumeuſe
Merque ſa ſente en bas, en quelque creux infect.

Quand il ſent la chaleur il ſe ioue, il fretille,
Il s'eſgaie, il ſeſbat, il roulle, il s'entourtille,
Il faict cent mille tours, en rond, obliquement.
Il s'aime tant qu'alors il ſe deſpouille d'aiſe,
Il a les yeux ardents en ſon ardeur punaiſe,
Et ſe dreſſe brouſſant en grand eſlancement.

Ces tortuoſités, & ſes taches varies,
Monſtrent au doigt d'Amour les laqs, les tromperies,
Son ſifflet decepuant, ſa charmereſſe voix:
Son poiſon venimeux, ſon odorante alleine,
C'eſt le muſc, le perfum, l'excrement de ballaine,
Qui ſert d'vne trainée a l'amoureuſe poix.

Prend garde a l'eſguillon, a ſa forme, & ſa glande,
Il veult eſtre repeu d'vne bouche gourmande,
Par ainſi ſon venin ſe nourrit dans ſes dents:
Il abbat ſon ſoldat, il le iette par terre,
Il ſe cache, il ſe ſouille, il s'acchroche, il s'enferre,
Il eſt mort, il eſt vif, vaincu d'attraicts ardents.

Le ventre ſert il pas & de creche, & d'eſtable,
Pour loger ceſte beſte orde, & inſatiable,
Y deſpouille elle pas tout honteux deſtourbier?
Voids tu pas au ſurplus comme ſale, & impure,
Quelle a choiſi vn lieu profane, & plein d'ordure,
Ainſi que le Porceau qui ſe plaiſt au bourbier.

Que dis-ie d'vn bourbier; cest bien vne fournaise,
Vn lac vague, abbruué d'eau crouppie, & punaise:
Vn antre noir, obscur, vn marest spongieux:
Vne cloaque vile, ou bien vn profond gouffre:
Vn grand estang ardant & en feu, & en soulfre:
Voila le vray manoir du Cameptitieux.

Il a fort grande gueulle esclatante, & horrible,
Il a rouge regard, sanglant, & fort terrible,
Vn poil fort herissé donnant mille fraieurs:
Il rouille, & fane tout, sa veue est venimeuse,
Il gaste & corrompt l'air par sa lie fangeuse,
Son escume desséche herbes plantes, & fleurs.

Laisse le reste a part de ces vmbres gorgones
Il vault mieux teu que dict, renuoi les aulx Calones
Qui aiment le perfum de ce grand Encensoir:
Ma langue entre mes dens a horreur de le dire,
Mon esprit d'y penser, ma plume de l'escrire,
Ie vouldroys de bon cœur (crois moi) n'en rien scauoir.

Note Ici seullement que ce cruel mystere.
Fut parfaict par Pandore, & sa boette meurtriere,
Voila l'arbre de mort, voila l'arbre du mal:
Quelle voix, quel conseil, quelle honte & diffame,
Pauure homme? mais pourquoy croiois tu à ta femme,
Puis que Sathan parloit à ce praue animal.

D'oublier si soudain (ô ingrat vitupere)
Et son Dieu, & son Roy, & sa Loy, & son Pere,
Sa gloire, son seul bien, & sa perfection.
Quel desastre fatal? quelle peripherie?
Pour vn vaisseau punais de sale poterie
Fresle, foible, & subiect tout à corruption.

Quand on voit le serpent aussi tost on le tue,
Voires au parauant qu'il bouge, ou se remue,
Ou le fuict on de loing oiant son siflement:
C'est Amour Serpentin tellement nous enchante,
Nous flatte, nous cherit, nous caresse, & nous tente,
Que nous iectons en proie a ce vil animant.

Crois pour vray si Sathan n'eut sa voix suasiue,
Interposé auec ceste forme attractiue
Qui deceut au verger cest Innocent Edon:
S'il n'eut ioinct en cela son expresse puissance,
Pour corrompre la Loy de la saincte alliance,
On n'eut iamais parlé du petit Cupidon.

Estant l'home basty de masse corporelle,
Fut pourueu de vertu pure Spirituelle,
Aussi pour l'exercer il vit dedens ce corps:
Par elle l'Ame aprend & entre en cognoissance,
Par elle l'Ame voit & ha intelligence,
Par elle l'Ame scait les cælestes accords.

Or en

Or en ses facultes tout le corps sert a l'Ame
De ministre & subiect, l'ame y agit, declame,
De l'organe elle fait comme son instrument:
Elle voit par les yeux, elle entend par l'ouie,
Elle sent par le neZ, du goust elle est nourrie,
Et par le pied s'exerce auec son mouuement.

Tout ainsi que le cœur incessamment s'agite,
Tressailit, ou debat, ou s'eslance, ou palpite,
Comme il se sent pouls, fort, posé, foible & lent.
Ainsi l'exterieure officine vitalle
Ne doibt vn seul moment de sa course fatalle
Estre inutile, & sans exercer ce talent.

Le tresor des vertus, la doctrine, & science,
Le MagaZin d'honneur, la vraie Sapience,
S'acquiert par vn labeur qu'inceßamment nous point:
Mais si la faculté est en l'homme tardiue,
S'il ne faict quelque fruit, si son Ame est oisiue,
Dequoy sert son esprit s'il ne s'en aide point?

Luy fut il pas donné par cest Auteur supreme
Affin qu'il se cogneut, mais il s'oubly soy-mesme,
Tant par ce faulx amour ses sens sont abrutis:
Cest pourquoy ses sandals de Venus si celebres
Hors de læternité l'enuoyent aux tenebres,
D'ou l'humide, & le corps, & la mort sont sortis.

Tout ce mal luy aduient par l'ame sensuelle,
Laquelle ioincte au corps se veult rendre charnelle,
Plustost que cultiuer ses celestes vertus.
Voila comment cruelle elle mesme s'enferre,
Elle laisse le Ciel pour embrasser la terre,
Ou ses sens tout soudain sont d'ombres reuestus.

En fin suiuant au trac sa luxure excessiue,
L'homme perd sens, esprit, & sa raison motiue,
C'est vn vray corps opaque, & par autruy vital:
Il ne s'emploie à rien, ses œuures principales,
Ses inclinations sont pures bestiales,
Muans son corps en ombre, ou en homme brutal.

Estant seul il viuoit en parfaicte innocence,
Portoit de Dieu l'image, & la vraie semblance,
Du monde, Virago, quel damnable remord:
D'ou viens tu pour tenter ainsi ceste chair tendre,
Quel cruel hamesson: ne dict pas le Pœmandre
Que cest Amour de faict a engendré la Mort?

N'estoit-ce pas raison puisque pour la matiere
Cest homme auoit peché, qu'elle emportât l'enchere,
Et rendit compte en fin de son lasche forfaict:
Puis que d'elle venoit & l'offense, & la haine,
N'estoit-il pas raison qu'elle en portât la peine,
Et que sa mort payast la rançon de son faict?

Toutes choſes portoient a l'homme reuerence,
Les Animaux tous prompts a ſon obeiſſance
Prenoient la Loy de luy en tous ſes mandements:
Il ſe faiſoit d'eux tous comme Roy recognoiſtre,
Eſtant en ceſt honneur il ne la ſceu cognoiſtre,
Et pour c'a eſté faict tout ſemblable aux iuments.

Voila quels ſont les fruicts de ceſt arbre terreſtre,
Voila les beaux preſens de ceſte Ame ſeneſtre,
Qui rendent l'homme enclin en mille changements:
Son feu n'eſt point eſteinct, il ſe bruſle, & conſume,
Car ce verd corroſif le ronge d'amertume,
S'il à vn ſeul plaiſir, il ſent mille tourments.

Ainſi comme le fils ſuit les meurs de ſon pere,
Son eſtat, ſon humeur, ſes geſtes, ſa maniere,
Viuant comme incliné en ſemblables effects:
Ainſi le premier homme a infecté ſa ſuitte
Par ce ſale encombrier, ceſte tache mauldite,
Comme eſtant heritiere & tenue en ſes faicts.

Adam cheut par ſon faict mol en ame aſſeruie:
Penſe a tes actions, elles lient ta vie,
Et la ioignent auec ce Monſtre Originel:
Qui r'atiZe ce feu, prouoque ces puſtures
Sinon les actions ſortes des creatures
Leſquelles peuuent tout ſur le ſens corporel?

Voy moy vn Manouurier qui a sa lampe estainte
Il coigne, il frappe tant, sans feu, sans flamme emprainte,
Qu'il l'a ralume au bris d'vn caillou fort obscur:
Croirois tu sans le voir que d'vne pierre dure
On peut forcer l'humeur, l'essence, & la froidure,
Et en faire sortir vn feu cler & si pur?

Ce ne sont que plaisirs, ce ne sont que delices,
Qu'on emploie aux combats d'amoureux exercices,
Tout est a l'habandon, a qui plus a lenquan:
Voila ce premier feu comment il se relance
Qui preuertit noz sens? c'est ceste petulance:
Oubli le pour vn moys, tu l'oubliras vn an.

Les sens ne peuuent rien apart sans la matiere,
Ils ne sont point sans elle, elle est en eux entiere,
Eux ils sont tous en l'ame en force, & mouuement:
Et la veue, & l'ouie, & l'odeur, & l'alaine,
Le goust, l'atouchement, d'eux l'ame est la fontaine
D'ou ils puisent le clair de tout leur sentiment.

La cognoissance y est, l'affection s'y loge,
L'amour s'y rend soudain quand la haine en desloge,
Au lieu de ioye y sourd quelque apprehension:
Tout ainsi que la Mer n'est iamais sans nuages,
Sans flux, & sans reflux, sans vents, & sans orages,
L'ame vnie a ses sens n'est sans emotion.

Au Principe causal de ceste synerese
S'adioint la nourriture en quantité mauuaise,
Qui excite dans nous tant d'agitations,
Tant d'humeurs chauds bouillants, d'ardeurs desmesurees,
Tant de transports soudains, saillies desbordees,
Que tout tourne en fureurs, & perturbations.

Voy le febricitant, ce qu'il prend luy est fade:
Qui luy cause cela? sa qualité malade,
Il ne mange que fiel, il trouue aigre le moust:
Est-ce ceste liqueur en soy qui est amere?
Est-ce point que l'odeur en est graue ou austere?
Non: c'est l'humeur peccant qui luy trompe le goust.

En mesme qualité, par mesme sympathie,
En plaisir, en douleur, l'ame est aussi rauie
Pendant qu'elle est liee en ceste orde prison:
Est-ce que d'elle mesme elle est chaude, & s'altere?
Est-ce que d'elle mesme elle est aspre, ou colere?
Non: cest la passion qui trouble la raison.

La nature est de soy simple, foible, & debile:
La matiere muable, & caduque, & fragile:
Et passent en autruy par autruy aisement.
La matiere est soudain par la nature esmeue,
La nature par l'autre & s'altere & se mue,
L'obiect seul rapportant d'aillieurs ce changement.

L'affection s'estant ainsi brusque eslancée
Apporte quant & soy l'effigie moullée,
Traçant en vn cil d'œil les formes qui luy plaist:
Elle arache la Memoire, entre en l'Estimatiue,
Trompe le sens commun, gage la Perspectiue,
Tout cela si soudain qu'il n'a rien de complet.

Mais nostre volonté soudaine, & trop legere,
Nostre facilité, est l'ombre passagere,
Qui poursuit le traict faulx de ceste fiction:
Puis le Serpent qui peut sur l'Imaginatiue,
Engraue l'effigie en l'ame Apprehensiue,
Et ioingt l'illusion a son impression.

Voila d'ou naist en fin ce Phantasme ombilique,
Cest esblouissement, ce spasme extatique,
Metempsychose erreur, transanimation.
Voila d'ou naissent or ces ombres, ces furies,
Ces spectres portenteux, engeances de Harpyes,
Causants ce changement & transformation.

Le Diable ne pourroit ny sa ruse guerriere,
S'il n'empruntoit du corps encor quelque matiere
Entre nous accomplir le moindre de ses maulx:
Mais quand il scait malin l'humeur bien disposée,
Il se brouille aisément en ceste orde gluée,
En laquelle l'homme est tout semblable aux brutaux.

Nous n'auons pas la chair seullement a combatre,
Mais l'esprit tenebreux, lequel pour nous abbatre,
Trame d'vn fol Amour nostre perdition.
Quand l'homme aussi s'addonne a la lubrique vie,
Il prend sur luy pouuoir (dict l'Ange de Thobie)
Sans congé, sans adueu, & sans permission.

Sathan par le proiect de l'ancienne defense,
Voiant l'homme de chair souillé de son offense,
Il le court, le gallope, & le traicte en Marran:
Il le maistrise ainsi qu'vn maistre son esclaue:
Ou qu'vn fort Cauallier vn cheual prompt & braue:
Ou comme vn Roy puissant qui commande en tyran.

Ses persecutions sont de diuerse espece,
Aux aucuns elle est moindre, aux autres plus expresse,
Et en plusieurs rien fors simple tentation,
Il a tant d'esguillons, de tranchées soudaines:
Pense tu qu'il n'y ait que les Energumenes
Seulement agitez de sa vexation?

L'hermite en son desert, d'vn grissant Ezophage
Eslancé, & surpris, nous donne tesmoignage,
Que du malin luy vient ceste suggestion:
L'Ægyptien la veu entrer en son Semnie,
En geste, & en habit d'vne courtoise Amie,
Et se nommer l'esprit de Fornication.

Entre des Scorpions, Serpents de toute sorte,
Le Docteur haue & sec, sa face pasle, & morte,
Fort debile de corps, & plus foible de reins :
Estant d'vn froid cuisant sa chair ystiomenée,
Dict qu'il sentoit encor son Ame transportée
Aux superbes festins, & danses des Romains.

Tant d'autres qui l'ont veu, tesmoing l'Anthiochene,
Le Moine du Cassin, la Nicomedienne,
Qui le domptoit si bien, battoit, & souffletoit :
Ma Muse que faicts tu qu'en veults tu chercher d'autre,
Est-ce pas le Sathan que nous disoit l'Apostre,
Qui le picquoit au vif, pressoit, & stimuloit ?

De la femme viuant ieune en delicatesse
Pourueuë de beauté, liberté, & richesse,
(Qui sont les Maquereaux où tend l'humaine voix)
Pour deliurer ce corps de sa macule honteuse,
Et du poison Lethal de la Parque Amoureuse,
Le Sauueur en chassa sept Diables à la fois.

Quel Dragon destructeur, quel Serpent abditaire,
Quel lutin rabieux, quel monstre elementaire,
Quel superbe imposteur, quel ministre d'erreur :
Il a tant de Vulcans, tant de feux d'artifices,
Tant de termes fumeux, tant d'esclairs, tant d'eclipses,
Qu'on voit tout l'vniuers bruire de sa fureur.

Mille

Mille Demons en l'air par mories insignes
Contournent tout le rond tourné des douZe signes,
L'vn cognoist le Belier, le Cheurier, le Lyon:
L'autre void discourant le long de l'Ecliptique
Iupiter transformé tout en aspect oblique,
Pour de Mars & Venus voir la conionction.

L'autre void de Phœbus en l'Archer l'inconstance,
Le messager d'Amour entrant en la Ballance,
Puis entre les Iumeaux Diane en action:
L'autre apres void encor ceste Venus lubricque,
Qui delaisse de Mars la maison deificque,
Pour se ioindre au Taureau en ostentation.

Ils voient le Verseau pour le naufrage a l'ancre,
La reuolution de la Cyprine au Cancre,
Son guerrier repasser dedans le Scorpion:
Plus l'exallation de la Vierge sterile,
Et le Poisson songeart croupissant inutile
Retrogradant Saturne en opposition.

On les faict si scauans qu'il n'y a n'y distance,
Næqualité, haulteur, n'y la circonference,
N'y longueur, n'y largeur, n'autres dimensions:
Ordre, tripliciteZ, n'y figures amies,
Aspect, quadral, sextil, & autres ennemies,
Qu'ils ne puissent iuger dedans leur mansions.

Tant d'angles, de degres, de regions lucides,
De mouuemens, clairtés, & de maisons placides,
Ores d'vn ascendant, or' d'vn dominateur:
Tant de dignité vaine & puissance sans force;
Or qui se debilite, or apres se r'enforce,
O terre, o mer, o ciel, ou est ton Conducteur?

Pour pratiquer ces ærs, ces Demons par cautelle
Se ttansforment en home en forme naturelle,
Fardent d'vn trine aspect son inclination:
Ils desguisent le iour, & l'heure, & la syncope,
Controuuent le climat, l'Horison, l'Horoscope,
De sa natiuité & constellation.

Ils se font curieux de nos choses mondaines,
Ils gardent les tresors, les mines soubs terraines,
Pour d'vn soing soubs-terrain l'home à eulx asseruir:
Il n'ya metallicque, Alchimiste, ny Gemmes,
Ieux, trompeurs, fols esbats, ioustes vagues de femmes
Dont ils puissent en fin ce bouc salle assouuyr.

Ils assignent pour cé force legionaires,
Les vns Mercuriaux, autres Demons lunaires,
Des solaires subtils, réueurs Saturniens:
Tantost des Martiaux Ministres de courage,
Apres des Iouiaulx hautonnans du sot sage
Et les paillards d'ntre eux sont dicts Veneriens.

L'on a basti dela la Sepmaine estrangere,
L'Astre predominant selon lheure premiere,
Accommodant aux iours des noms a l'estourdi :
Voila comment l'on a par ces fureurs Mænades
Pollu les veuz sacrés des Vierges hebdomades,
F au filé ceste chaine, & ces toiles ourdi.

Quoy? ce corps resolu l'on renuoy' sa figure
Au cercle de la lune, ou premiere ceincture,
A Mercure la fraude, & machination :
A Venus volupté, au Soleil l'excellence,
A Mars l'aspre fureur, Iuppiter l'abondance,
A Saturne maling toute expiation.

Voila d'ou la Magie ou rage Ægyptienne
Apris commancement, la bactre, ou Indiene,
L'exercite estoillé de leur fantasque essieu:
L'vn veult iuger le temps par ces belles meslanges,
L'autre blaspheme en vain L'ordre sainct des sept Anges
Qui tournent a lentour du grand Throne de Dieu.

Oserois tu penser que tous ces corps celestes
Causent par leurs effects au Monde tant d'incestes,
Tant de rauissements, & constuprations :
Tant d'ensorcelements, de laches forfaitures,
Tant de cruelz torments, de damnables blessures,
De mysteres polluz & fornications?

Oserois tu penser qu'es natures secondes,
Aux vertus des haults Cieux, en ces corps chastes mondes,
Quelque tache il y ait d'orde corruption:
Oserois tu bien d'eux songer vn tel blaspheme,
Telle execration, telle infamie extreme,
Qu'ils vinsent ministrer ta prostitution?

Ces celestes Moteurs par leurs cercles, & lignes,
Peuuent bien influer mille graces diuines
Soubs leur poinct, leur degré, par regle, & par compas
Mais quant aux sorts malings, & expres malefices,
Au flux luxurieux, & ces Monstres de vices,
Pourroient ils bien donner ce qu'eux mesmes n'ont pas?

Moy que ie te blaspheme ô pensée Angelique?
Digne Principaulté? ô puissance empyrique?
Mystere dominant; ô Thrones glorieux?
O celestes vertus? Seraphiques lumieres?
Cherubiques voiants? ô bontes fontanieres?
Hierarchiques Tridents ordonnez es haults Cieux?

Le Diuin Messager est cler, net, & louable,
Amour crasseux, baueux, villain, & detestable:
L'vn produict vn fruict doulx, l'autre vn fruict fort amer
Le Theophanique est tout bening, & paisible,
Ce Demonique Amour quereleux, & nuisible,
Or dis moy donc en quoy l'on les peut conformer.

Le Theophile est prompt, liberal, magnifique :
Le Misothee Amour indigent, famelique :
L'vn est tout debonnaire, & l'autre tout peruers.
L'Ange est le protecteur de nostre geniture :
Dis, qu'est-ce Amour en fin sinon que pourriture,
Que charongne vermine, & rongeure de vers ?

Tous ces veneriens ont extraict leur naissance,
De ce Diable d'Amour ils sont de mesme essence,
L'enfer les à produicts pour rendre l'homme serf :
S'ils sont d'vn corps opaque, Amour est phanatique :
S'ils sont esprits en l'air, Amour est phantatisque :
Il n'a n'y sang, n'y chair, muscle, n'y os, n'y nerf.

Ces Demons sont de forme & matiere inuisible :
Amour est transparent, & fort inaccessible :
Ils volent parmy l'air, Amour par l'vniuers :
Ils sont auantureux, Amour ineuitable :
Ils sont fort ennuieux, Amour insuportable :
Or dis moy donc entreux en quoy ils sont diuers ?

Ces petits Megonins sont pleins de tromperie :
Amour est tout farsi de mesme mercerie :
Ils sont veins, superfluZ, Amour est grand menteur.
Le Demon est muable, erratique, & peu stable :
Amour est inconstant, leger, & variable :
Or dis moy lequel est le plus grand appipeur.

L'esprit est familier, accort, & seruiable:
Amour dissimulé, & trop plus compagnable:
Si l'vn est importun, l'autre est grand tentateur.
L'esprit est fort lascif, paillard, & impudique:
Amour distille tout dedans son allambique:
Or dis moy lequel est plus grand fornicateur.

L'esprit l'arué est fort orgueilleux, & rebelle:
Amour fier, hautain tout humilie & debelle:
Si l'vn est deffiant, l'autre est fort soupçoneux.
L'esprit est fort maling, despiteux, & farouche:
Amour n'est qu'vn mutin s'il ne vient a la couche:
Or dis moy lequel donc est le plus outrageux.

Ces tripodes sont pleins d'vne vaine science:
Amour est grand Sophiste, & prompt en eloquence:
Ces Demons sont confuz, Amour est fort profond.
Ces Demons voient par tout mieux qu'autre creature:
Amour seul recognoist les secretz de Nature.
Or dis moy donc auquel il y a plus de fond?

Amour est hasardeux, cruel, & inuincible,
Amour est enuieux, & fort incorrigible,
Amour est factieux, trahistre, & fort desloial:
Amour est malheureux, Amour est miserable,
Amour est tout immonde, ord, sale, abominable,
Qui dira donc qu'il n'est l'esprit Demonial.

Fin de la premiere Centurie.

SONET A L'AVTHEVR.

Puis que d'vn bel accueil les frontz porte-lauriers
Ont receu l'aisné fruict de ta feconde veine,
Et que pour le loier d'vne si riche peine
T'ont admis en leur rang, mesme entre les premiers.

Ie te prie haste toy, desploier tes caiers,
Fais nous voir a quel but ce faux Amour nous meine,
Quelz tragiques malheurs a la fin il ameine
A tous ceux qui luy font seruices iournaliers.

Ne laisse si long temps dedans vn coffre auare,
Vn thresor enfermé si pretieux & rare,
Tu ferois trop grand tort a la posterité.

Monstre nous au plustost les autres Centuries
Qui seront des lecteurs sans doubte autant cheries,
Qu'autre louable escrit qui ait iamais esté.

Fautes aduenues a l'impreßion.

Au dixiesme feuillet ligne douziesme, lizés vieille. dixseptiesme feuillet neufuiesme ligne, lizés au pouls, au vingt deuxiesme feuillet ligne quatre, lizés arre. Ibidem ligne quatorze, lizés & ce spasme extaticque.

SONETTO DEL MEDESIMO HETRVSCO A LETTORI.

Varcando Apollo ſopra il ſacro monte,
Vidde ch' inſieme eran' le ſua ſorelle,
Onde diſceſe, & diſſe; che fauelle
Son' le voſtre hoggi intorno al voſtro fonte?

Diſſon' le Dée, di coſtui ch' à ſi pronte
Le rime, & ſi leggiadre, & tanto belle,
Ch' a dirne a pieno non baſterien' quelle
Lingue che gia s'ornáron' la lor' fronte.

Hor' noi ſiam' certe che noi vedrem' preſto
Ridotti i brutti Amori a quel' bel' ſegno
Che tráe Diana, & a chi ſia moleſto,

Quello che può gli romperà il diſegno
Del ſalu' honore, & maſchera, che cuopre
Della luſſuria le ſua neſande opre.

F. M.

www.ingramcontent.com/pod-product-compliance
Ingram Content Group UK Ltd.
Pitfield, Milton Keynes, MK11 3LW, UK
UKHW012122240726
13965UKWH00005B/1906

9 782013 055451